THESÉE,

TRAGÉDIE EN CINQ ACTES;

REPRÉSENTÉE, POUR LA PREMIERE FOIS, DEVANT LEURS MAJESTÉS, A FONTAINEBLEAU, *Le 7 Novembre 1765,*

ET PAR L'ACADEMIE-ROYALE DE MUSIQUE, Le Mardi 13 Janvier 1767.

PRIX XXX. SOLS.

AUX DÉPENS DE L'ACADÉMIE.

A PARIS, Chés DE LORMEL, Imprimeur de ladite Académie, rue du Foin, à l'Image Sainte Genevieve.

On trouvera des Livres de Paroles à la Salle de l'Opera.

M. DCC. LXVII.

AVEC APPROBATION ET PRIVILEGE DU ROI.

Le Poeme est de QUINAULT.

La Musique de M. MONDONVILLE.

AVERTISSEMENT.

ON ſçait qu'en Italie, *les Muſiciens ſont en poſſeſſion de mettre en Muſique le même Poëme. On ne les ſoupçonne pas de travailler dans la vüe de déprimer ceux qui les ont devancés.*

Nous avons la même liberté en France pour les Motets. Si nous penſons comme eux dans le genre Latin, pourquoi n'aurions-nous pas le même privilége pour les Poëmes François ? Cet uſage encourageroit les talens, exciteroit l'émulation, & contribueroit peut-être à l'amuſement du Public. Ces motifs que j'ai crû raiſonnables, m'ont déterminé à choiſir le Poëme de Theſée, non comme un téméraire qui veut attaquer Lully, mais comme un enthouſiaſte des Opéras de Quinault. Il eſt vrai que pour me conformer au goût préſent du Théâtre, j'ai été contraint d'abréger les Sçênes, & d'acroître les Divertiſſemens, ce qui m'a obligé pour les liaiſons d'ajoûter quelques vers qu'on reconnoîtra ſûrement pour n'être pas de Quinault.

A l'égard de la Muſique de Lully, ma délicateſſe

& mon admiration pour ce célébre Auteur, m'ont défendu de l'employer. J'ai crû que n'en pas faire usage c'étoit la respecter.

J'avoue que ce n'est qu'en tremblant que j'ai formé ce projet, & je ne l'aurois jamais exécuté, si je n'avois considéré l'avantage que les Compositeurs *peuvent en retirer.* HEUREUX *si le Public a la bonté de pardonner mon entreprise en faveur du motif.*

ACTEURS CHANTANTS
DANS LES CHŒURS.

Côté du Roi.

Meſdemoiſelles.	*Meſſieurs.*
Durand.	Chicot.
Guillaume.	Vaudemont.
La Croix.	Héri.
Delor.	Cailteau.
Beauvais.	Lecoutre.
Barrage.	Roſe.
Thévenot.	Robin.
Delaiſtre.	Antheaume.
Héri.	Méon.
Deſontebles.	Botſon.

Côté de la Reine.

Meſdemoiſelles.	*Meſſieurs.*
D'alliere.	L'écuyer.
Salaville.	Albert.
D'agée.	Tourcati.
	Bourdon.
Adélaïde.	Labourdette.
Duprat.	Desnoyers.
Lebourgeois.	Feret.
Jouette.	Du Perrier.
	Boi.
Deſroſieres.	Laurent.
Lemaire.	Cavallier.

ACTEURS
DE LA TRAGÉDIE.

EGLÉ, *Princeſſe, elevée ſous la tutelle d'*EGÉE *Roi d'Athènes,*	M^de^. l'Arrivée.
CLÉONE, *Confidente d'*EGLÉ,	Mlle. Roſalie.
LA GRANDE PRÊTRESSE DE MINERVE,	Mlle. Duplant.
EGÉE, *Roi d'Athènes,*	M. l'Arrivée.
ARCAS, *Confident d'*EGÉE,	M. Muguet.
MEDÉE, *Princeſſe Magicienne,*	Mlle. Dubois.
DORINE, *Confidente de* MEDÉE,	Mlle.Dubrieulle.
THESÉE, *Fils inconnu d'*EGÉE,	M. Legros.
UN ATHÉNIEN,	M. Durand.
UN BERGER *de l'Iſle Enchantée*,	M. Muguet.
UNE BERGERE *de l'Iſle enchantée*,	Mlle. Fontenet.
MINERVE,	Mlle. Duplant.

PRÊTRESSES DE MINERVE.
SUIVANS D'EGÉE.
DÉMONS.
PEUPLES D'ATHÈNES.
BERGERS.
BERGERES.
PASTRES.
SPECTRES.
LES FURIES.

PERSONNAGES DANSANTS.

ACTE PREMIER.

PRÊTRESSES DE MINERVE.

Mlle. Guimard.

Mlles. Gaudot, Delfevre.

Mlles. Demiré, Rei, Mercier, St Martin, David, 1., Chassagne, Siane, Darci, l'Huillier, Riviere, Ledoux, Patra.

GUERRIERS.

Mrs. Rogier, Riviere, Granier, Rogier.

Mrs. Trupti, Gardel, c., Despréaux, Lani, 2., Lani, 3., Liesse, Langlois, Aubri.

ACTE SECOND.

ATHÉNIENS & ATHÉNIENNES.

Mrs. Dubois, Aubri, Langlois, Martinet, Giguet, Lani, 3.

Mlles. Rouſſelet, Perſeval, Saron, David, c., Duttré, Audibert.

VIEUX & VIEILLES.

Mrs. Cezeron, Bourgeois, Larue.

Mlles. Lahaie, Cornu, Sidonie.

ENFANTS.

Mrs. Legrand, Beaulieu, Gallet.

Mlles. Dervieux, Haudinot, Leclerc.

HABITANTS de la CAMPAGNE.

Mrs. Beate, Malter, Lebrun, Simonnin.

Mlles. Vernier, Adélaïde, Leroi, Dauvilliers.

ACTE TROISIEME.

DÉMONS.

M^rs. LAVAL, DAUBERVAL, ROGIER.

Mlle. ALLARD, PESLIN, PITROT.

M^rs. Leger, Riviere, Trupti, Granier, Lani, 2., Despréaux, Gardel, c., Liesse.

ACTE QUATRIEME.

BERGERS & BERGERES.

M. GARDEL. Mlle. GUIMARD.

M. SIMONNIN, Mlle. HAUDINOT.

M^rs. Dubois, Cezeron, Dossion, Giguet, Bourgeois, Malter, Aubri, Beate, Lebrun, Legrand, Larue, Gallet.

Mlles. Adélaïde, Gaudot, Vernier, Dervieux, Delfevre, Lafont, Sidonie, Dauvilliers, Leclerc, Isoire, Cornu, Hidou.

ACTE CINQUIEME.

PEUPLES.

M. GARDEL.

Mlle. ALLARD.

M^rs^. LANI, DAUBERVAL.

Mlles. PESLIN, PITROT.

M^rs^. Trupti, Dubois, Dossion, Granier, Despréaux, Gardel, c., Lani, 2., Lani, 3., Liesse, Giguet, Aubri, Simonnin.

Mlles. Demiré, Rei, St Martin, Mercier, Delfevre, Lafont, Lhuillier, Isoire, Chassaigne, David, l., Patra, Mimi.

THESÉE, TRAGÉDIE.

ACTE PREMIER.

Le Théâtre repréſente le Temple de MINERVE.

SCÊNE PREMIERE.

COMBATTANS, *que l'on entend & que l'on ne voit point.*

AVANÇONS, avançons, que rien ne nous étonne,
Frappons, frappons, qu'on n'épargne perſonne;
Il faut périr, il faut périr,
Il faut vaincre ou mourir.

SCÊNE II.

EGLÉ, COMBATTANS *que l'on entend & que l'on ne voit point.*

EGLÉ.

QUelque ſoit mon deſtin, il faut ici l'attendre;
Minerve, c'eſt à vous que je dois recourir.

COMBATTANS.

Il faut périr, il faut périr.

EGLÉ.

Divinité, qui devez prendre
Le ſoin de nous défendre,
Hâtez-vous de nous ſecourir.

COMBATTANS.

Il faut vaincre ou mourir.

SCÊNE III.

CLÉONE, EGLÉ, COMBATTANS

que l'on entend & que l'on ne voit point.

EGLÉ.

Est-ce aux Athéniens, est-ce au parti contraire
Que l'avantage est demeuré ?

CLÉONE.

Thesée est le Dieu tutélaire
Qui me donne en ce Temple un refuge assuré.
Cherchant à me sauver du Soldat téméraire,
Mes yeux troublés d'effroi, n'ont rien consideré.

EGLÉ.

Au milieu des clameurs, au travers du carnage,
Thesée a jusqu'ici conduit mes pas errans :
Son généreux courage
A fait ses premiers soins de m'ouvrir un passage,
Entre deux effroyables rangs
De morts & de mourans.

CLÉONE.

Thesée est aimable, il vous aime ;
Tout céde à sa valeur extrême :
Vous pouvez, sans rougir, souffrir à votre tour,
Que jusqu'à votre cœur il porte sa victoire.
Il n'est rien de si beau que les nœuds de l'Amour
Quand ils sont formés par la Gloire.

COMBATTANS.

Mourez, mourez perfides cœurs,
Tombez sous le fer des vainqueurs.

EGLÉ.

O Minerve ! arrêtez la cruelle Furie
Qui désole notre Patrie :
Ecartez loin de nous la guerre & ses horreurs ;
Ciel ! épargnez le sang, contentez-vous de pleurs.

COMBATTANS.

Victoire, victoire, victoire,
Liberté, liberté :
Courons tous à la gloire,
Combattons avec fermeté.
Liberté, liberté,
Victoire, victoire, victoire.

SCÈNE IV.

EGÉE, EGLÉ, CLÉONE, *Suivans du Roi.*

LE ROI.

LEs Mutins sont vaincus, leurs Chefs sont immolés;
Leur vaine espérance est détruite:
Tous les Peuples voisins qu'ils avoient appellés,
Sont dans nos fers, ou sont en fuite.

EGLÉ.

Rendons graces aux Dieux.

EGLÉ, LE ROI, CLÉONE.

Rendons graces aux Dieux.

LE ROI.

Puisque le Ciel à nos vœux est propice,
Cléone, allez, qu'on offre un sacrifice,
A la Divinité qui protége ces lieux.

SCÊNE V.

LE ROI, EGLÉ.

LE ROI.

CEssez, charmante Eglé, de répandre des larmes,
Commençons, après tant d'allarmes,
A jouir d'un destin plus doux.
Puisque je vois mon Trône affermi par mes armes,
J'y veux joindre de nouveaux charmes,
En le partageant avec vous.

EGLÉ.

Avec moi! vous, Seigneur!

LE ROI.

Que votre trouble cesse;
C'est peut-être un peu tard vouloir plaire à vos yeux;
Je ne suis plus au tems de l'aimable jeunesse,
Mais je suis Roi, belle Princesse,
Et Roi victorieux.
Faites grece à mon âge en faveur de ma gloire,
Voyez le prix du rang qui vous est destiné;

La

La vieilleſſe ſied bien ſur un front couronné,
Quand on y voit briller l'éclat de la victoire.
Parlez, aimable Eglé, parlez à votre tour.

EGLÉ.

Depuis que j'ai perdu mon Pere,
Vos ſoins ont prévenu mes vœux dans votre Cour:
Je dois vous reſpecter, Seigneur, je vous révère.

LE ROI.

Vous parlez de reſpect, quand je parle d'amour.

EGLÉ.

Mais votre foi, Seigneur, à Medée eſt promiſe?

LE ROI.

Je ſçais que lorſqu'on la mépriſe,
On s'expoſe aux fureurs de ſes reſſentimens;
Toute la nature eſt ſoumiſe
A ſes affreux commandemens:
Mais j'ai fait élever en ſecret dans Trézène
Un Fils qui peut finir ma peine;
Je veux qu'en épouſant Medée au lieu de moi,
Il dégage ma foi.

EGLÉ.

Mais ſi malgré vos ſoins, Medée ambitieuſe,
Ne s'attache qu'au rang que vous me préſentés....

LE ROI.

Que vous êtes ingénieuſe
A trouver des difficultés !
Que Medée en fureur, s'arme, menace, tonne,
Il faut que ma main vous couronne.

J'atteſte Minerve à vos yeux,
J'atteſte le Maître des Cieux,
En ſa foudroyante Juſtice...

EGLÉ.

Tout eſt prêt pour le ſacrifice,
Chacun s'avance dans ces lieux;
Rendons graces aux Dieux.

SCÈNE VI.

LE ROI, EGLÉ, *Suivans du* ROI, CLÉONE, *la grande* PRÊTRESSE *de* MINERVE, *& ſa Suite.*

LA PRÊTRESSE.

CEt Empire puiſſant que votre ſoin conſerve,
Vient reconnoître ici votre divin ſecours.
Favorable Minerve,
Protégez-nous toûjours.

(On danſe.)

LA PRÊTRESSE & le CHŒUR.

Chantons la victoire,
Chantons ses bienfaits;
Chantons les attraits
Dont brille la gloire,
Et que la mémoire
En vive à jamais.

SCÊNE VII.

COMBATTANS, *qui apportent les étendars & les dépouilles des Ennemis vaincus.*

ET LES ACTEURS DE LA SCÊNE PRÉCÉDENTE.

MARCHE.

LA PRÊTRESSE.

O Minerve sçavante!
O guerriere Pallas!
Souffrez qu'un Jeu sacré dans ces lieux vous présente
Une image innocente
De Guerre & de Combats.

LE CHŒUR.

O Minerve ſçavante !
O guerriere Pallas !

(On danſe.)

(On forme un combat à la maniere des Anciens.)

LA PRÊTRESSE.

Puiſſions-nous voir toûjours Athènes triomphante ;
Puiſſe ſon Roi vainqueur des plus grands Potentats,
La rendre heureuſe & floriſſante.

LA PRÊTRESSE & le CHŒUR.

O Minerve ſçavante !
O guerriere Pallas !

FIN DU PREMIER ACTE.

ACTE SECOND.

*Le Théâtre repréſente les Avant-Cours du Palais d'*EGÉE.

SCÊNE PREMIERE.

MEDÉE, DORINE.

MEDÉE.

DOUX repos, innocente paix,
Heureux un cœur qui ne vous perd jamais.
L'impitoyable Amour m'a toûjours pourſuivie:
N'étoit-ce point aſſez des maux qu'il m'avoit faits!
Pourquoi ce Dieu cruel, avec de nouveaux traits,
Vient-il encor troubler le reſte de ma vie?

Doux repos, innocente paix,
Heureux un cœur qui ne vous perd jamais.

DORINE.

Recommencez d'aimer, reprenez l'eſpérance;
Theſée eſt un Héros charmant:
Mepriſez, en l'aimant,
L'ingrat Jaſon qui vous offenſe.
Il faut par le changement
Punir l'inconſtance;
C'eſt une douce vengeance
De faire un nouvel Amant.

MEDÉE.

La gloire de Theſée à mes yeux paroît belle,
On l'a vû triompher dès qu'il a combattu:
Le deſtin de Medée eſt d'être criminelle;
Mais ſon cœur étoit fait pour aimer la vertu.

DORINE.

Le dépit veut que l'on s'engage
Sous de nouvelles loix,
Quand on s'abuſe au premier choix,
On n'eſt pas volage
Pour ne changer qu'une fois.

MEDÉE.

Un tendre engagement va plus loin qu'on ne penſe,
On ne voit pas lorſqu'il commence,

Tout ce qu'il doit coûter un jour.
Mon cœur auroit encor ſa premiere innocence,
S'il n'avoit jamais eu d'amour.

DORINE.

Aimez, aimez Theſée, aimez ſa gloire extrême.

MEDÉE.

Mais, qui me répondra qu'il m'aime ?

DORINE.

Peut-il trouver un ſort plus beau ?

MEDÉE.

Peut-être que mon cœur cherche un malheur nouveau.
Mon dépit tu le ſçais, dédaigne de ſe plaindre :
Il eſt difficile à calmer,
S'il venoit à ſe rallumer,
Il faudroit du ſang pour l'éteindre.

DORINE.

Que ne peut point Medée avec l'art de charmer.

MEDÉE.

Que puis-je hélas ! parlons ſans feindre ;
Les Enfers quand je veux ſont contrains à s'armer :

Mais on ne force point un cœur à s'enflâmer ;
Mes charmes les plus forts ne ſçauroient l'y contraindre.
Ah ! je n'en ai que trop pour forcer à me craindre ;
Et trop peu pour me faire aimer.

SCÊNE II.

LE ROI, MEDÉE, DORINE.

LE ROI.

JE vois le ſuccès favorable
Des ſoins que vous m'avez promis ;
Medée & ſon art redoutable,
Ont gardé ce Palais contre mes ennemis.
J'ai différé long-tems de tenir ma promeſſe ;
Ma couronne avec vous devroit ſe partager.....

MEDÉE.

Plus l'hymen intéreſſe,
Plus il faut y ſonger.

LE ROI.

Vous pouvez ſans dépit, ſouffrir que je différe ?
Avec un époux plein d'appas,
L'hymen a de la peine à plaire.

Quel

Quel chagrin ne doit-il pas faire
Quand l'époux ne plaît pas!

Déſormais ſans péril je vais faire paroître,
Un Fils que dans ma Cour je n'oſois reconnoître,
Puiſſe-t'il confirmer l'eſpoir que j'en attends!

MEDÉE.

Laiſſons-là votre Fils, Seigneur, je vous entends.

La jeune Eglé vous paroît belle,
Chaque jour je m'en apperçois;
Si vous m'abandonnez pour elle,
Theſée eſt ſeul digne de moi.

MEDÉE & le ROI.

Ne nous piquons point de conſtance,
Conſentons à nous dégager;
Goûtons d'intelligence
La douceur de changer.

SCÈNE III.

ARCAS, LE ROI, MEDÉE, DORINE.

ARCAS.

Seigneur, ſongez à vous.

LE ROI.

Quel malheur nous menace ?

ARCAS.

Theſée eſt ſi puiſſant qu'il peut vous allarmer,
Ses glorieux exploits charment la Populace ;
Pour votre Succeſſeur on veut le proclamer.

LE ROI.

Il faut arrêter cette audace.

SCÊNE IV.

MEDÉE, DORINE.

MEDÉE.

Contre toi, cher Theſée, on veut en vain s'armer,
Te couronner doit-être mon ouvrage.
Si le ſort cherche à t'opprimer,
Je ſçaurai venger ton outrage.

Contre toi, *&c.*

SCÈNE V.

MEDÉE, DORINE, PEUPLES
qu'on entend de loin.

LES PEUPLES.

Régnez, rendez-nous heureux,
Régnez, Héros indomptable.

MEDÉE.

Mais on vient célébrer sa victoire en ces lieux,
Attendons pour le voir un moment favorable.

LES PEUPLES en approchant.

Régnez, rendez-nous heureux,
Régnez, Héros indomptable.

MEDÉE.

Que son triomphe est agréable
Pour mon cœur amoureux.

SCÊNE VI.

THESÉE *paroît environné du* PEUPLE *d'Athènes, qui se réjouit de la victoire remportée par la valeur de ce Prince, & veut le proclamer pour successeur d'*EGÉE.

LES PEUPLES en entrant.

Régnez, rendez-nous heureux,
Régnez, Héros indomptable.

(On danse.)

LE CHŒUR.

Que l'on doit être
Content d'avoir un maître,
Vainqueur des plus grands Rois!
Que l'on entende
Chanter par-tout ses exploits,
Joignons nos voix.
Que toûjours il nous défende,
Qu'il triomphe, qu'il commande;
Qu'il jouisse des douceurs
De régner sur tous les cœurs.

(On danse.)

(Les Peuples voisins viennent admirer THESÉE.*)*

UN *ATHÉNIEN.*

Digne Héros, que ce jour mémorable,
Soit le jour le plus beau que le Ciel ait formé.
Jouiſſez à jamais du prix ineſtimable,
Que donne à vos vertus tout un Peuple charmé.
Il n'eſt point de bonheur plus grand, plus déſirable,
Que celui d'être *BIEN-AIMÉ.*

(*On danſe.*)

THESÉE.

C'eſt aſſez, Amis, ceſt aſſez ;
Allez, & que chacun en bon ordre ſe rende
Aux endroits qu'au beſoin il faudra qu'on défende :
Allez, je ſuis content de vos ſoins empreſſés
Si vous voulez que je commande
Allez, allez, obéiſſez.

(*Les Peuples ſe retirent.* THESÉE *veut entrer dans l'Appartement du Roi.* MEDÉE *en ſort & l'arrête.*)

SCENE VII.

MEDÉE, THESÉE.

MEDÉE.

THesée, où courez-vous ? que prétendez-vous faire ?

THESÉE.

Chercher le Roi, le voir, & calmer sa colère.

MEDÉE.

Le Roi souffrira-t-il que vous donniez la loi ?

THESÉE.

Si l'on a trop d'ardeur pour moi,
C'est un feu que j'ai soin d'éteindre.

MEDÉE.

Quand on a fait trembler un Roi,
Apprenez qu'on en doit tout craindre.

THESÉE.

Sans un charme puissant qui m'attache à sa Cour,
J'irois chercher ailleurs une guerre nouvelle.
La gloire m'enflâma dès que je vis le jour,
Tout mon cœur étoit fait pour elle :

Mais dans un jeune cœur, la gloire la plus belle
Fait aiſément place à l'amour.

MEDÉE.

Un peu d'amoureuſe tendreſſe
Sied bien aux plus fameux Vainqueurs ;
Si l'amour eſt une foibleſſe,
C'eſt la foibleſſe des grands cœurs.

Parlez, que rien ne vous allarme ;
J'obligerai le Roi de vous tout accorder.

THESÉE.

C'eſt la belle Eglé qui me charme,
Elle eſt l'unique prix que je veux demander.

MEDÉE.

C'eſt Eglé, dites-vous, Eglé qui vous engage ?

THESÉE.

Je ſçais que la grandeur a pour vous des attraits ;
Régnez avec le Roi, régnez tous deux en paix,
Eglé, l'aimable Eglé, n'eſt qu'un trop beau partage.

MEDÉE.

Je crains pour votre amour un obſtacle fatal.

THESÉE.

Si Medée eſt pour moi, qui peut m'être contraire ?

MEDÉE.

MEDÉE.

Vous avez le Roi pour Rival.

THESÉE.

Malgré ſa foi promiſe, Eglé pouroit lui plaire !

MEDÉE.

Laiſſez-moi voir Eglé, laiſſez-moi voir le Roi ;
Vous connoîtrez bientôt les ſoins que je vais prendre ;
Allez, allez m'attendre,
Et fiez-vous à moi.

(*THESÉE paſſe dans l'Appartement de MEDÉE.*)

SCÈNE VIII.

MEDÉE, seule.

DÉpit mortel, tranſport jaloux,
Je m'abandonne à vous.
Et toi, meurs pour jamais, tendreſſe trop fatale,
Que le barbare Amour, que j'avois crû ſi doux,
Se change dans mon cœur en Furie infernale.

Dépit mortel, tranſport jaloux,
Je m'abandonne à vous.

Inventons quelque peine affreuſe & ſans égale:
Préparons avec ſoin nos plus funeſtes coups.
Ah! ſi l'Ingrat que j'aime échappe à mon couroux,
Au moins n'épargnons pas mon heureuſe Rivale.
Dépit mortel, tranſport jaloux,
Je m'abandonne à vous.

FIN DU SECOND ACTE.

ACTE TROISIEME.

SCÈNE PREMIERE.

EGLÉ, CLÉONE.

CLÉONE.

VOUS allez voir bien-tôt votre Amant dans ces lieux.

EGLÉ.

Je le verrai victorieux.
Après de mortelles allarmes,
Ah! qu'un heureux retour est doux pour les Amans!
L'Amour s'acroît par les tourmens;
Les biens qu'il fait payer avec le plus de larmes,
N'en deviennent que plus charmans.

CLÉONE.

Thesée est triomphant, chacun le veut pour maître.

EGLÉ.

Ne verrai-je point paroître
Un ſi glorieux Vainqueur !
Il négligera peut-être
La conquête de mon cœur.

CLÉONE.

On n'eſt pas inconſtant pour aimer la victoire,
Si le paſſage eſt beau de l'Amour à la Gloire,
Rien n'eſt ſi doux que le retour
De la Gloire à l'Amour.

EGLÉ.

Non, ſon amour n'eſt point extrême ;
Faut-il qu'il trouve ailleurs tant de ſoins importants?
Vas Cléone, dis-lui qu'il tarde trop long-tems,
Il n'ignore pas que je l'aime ;
Il doit ſonger que je l'attends.

SCÈNE II.

MEDÉE, EGLÉ.

MEDÉE.

PRinceſſe, ſçavez-vous ce que peut ma colère,
Quand on l'oblige d'éclater ?

EGLÉ.

Quel ſujet contre moi pourroit vous irriter ?

MEDÉE.

Et n'eſt-ce rien que de trop plaire ?

EGLÉ.

Je renonce à l'Hymen du Roi,
Si je lui plais, c'eſt malgré moi.

Ce n'eſt point dans le rang ſuprême
Qu'on trouve les plus doux appas,
Et ſouvent un bonheur extrême
Eſt plus ſûr dans un rang plus bas.

MEDÉE.

Vous aimez donc Theſée ? ah ! n'en rougiſſez pas,
Il n'eſt que trop digne qu'on l'aime.

Je m'intéreſſe à votre amour,
Parlez, vous connoîtrez mon cœur à votre tour.

EGLÉ.

J'avois toujours bravé l'Amour & ſa puiſſance,
Avant que d'avoir vû ce glorieux Vainqueur;
Mais la Gloire & l'Amour tous deux d'intelligence,
Ne ſont que trop puiſſans pour vaincre un jeune cœur.

MEDÉE.

Il faut vous dégager d'une chaîne fatale....

EGLÉ.

La mort, la ſeule mort rompra des nœuds ſi doux...

MEDÉE.

Vous aimez un Héros qui ne peut être à vous,
Et Medée eſt votre rivale.
Prenez ſoin d'éviter mon funeſte couroux.

EGLÉ.

Nos deux cœurs ſont unis par un amour fidéle...

MEDÉE.

En dépit de l'Amour, je les veux diviſer.

EGLÉ.

La chaîne qui nous lie eſt ſi forte & ſi belle!

MEDÉE.

J'aurai plus de plaisir, si je la puis briser.

EGLÉ.

Non, j'aime mieux la mort, qu'une lâche inconstance,
Tout l'Enfer à mes yeux n'aura rien de si noir :
Malgré Medée & sa vengeance,
Mon amour suivra son devoir.

MEDÉE.

Voyons si votre amour est tel qu'il veut paroître,
Puisque vous le voulez, vous allez me connoître :
Je vais vous faire voir
Ce que c'est que Medée, & quel est son pouvoir.

(*Le Théâtre change, & représente un Desert horrible. L'obscurité y régne.*)

SCÈNE III.

MEDÉE, EGLÉ, DÉMONS.

MEDÉE.

Sortez, Ombres, sortez de la nuit éternelle.
Voyez le jour pour le troubler ;

Hâtez-vous d'obéir quand ma voix vous appelle :
Que l'affreux Désespoir, que la Rage cruelle
Prennent soin de vous assembler.
Sortez, Ombres, sortez de la nuit éternelle.

LES *DÉMONS.*

Sortons de la nuit éternelle.

MEDÉE.

Venez, Peuple infernal, venez,
Avancez, malheureux coupables,
Soyez aujourd'hui déchaînés.
Goûtez l'unique bien des cœurs infortunés,
Ne soyez pas seuls misérables.

LES *DÉMONS.*

Goûtons l'unique bien des cœurs infortunés,
Ne soyons pas seuls misérables.

(*Les Démons effrayent* EGLÉ.)

EGLÉ.

Cruelle, pouvez-vous avec tant de rigueur
Persécuter la timide innocence ?

MEDÉE.

Vous ne connoissez pas la haine de mon cœur,
Si vous comptez sur ma clémence.

(*Aux Démons*)

Redoublez

Redoublez en ce jour le soin que vous prenez
De mes vengeances redoutables.

LES DÉMONS.

Ordonnez, ordonnez.

MEDÉE.

Ma Rivale m'expose à des maux effroyables,
Qu'elle ait part aux tourmens qui vous sont destinés;
Tous les Enfers impitoyables
Auront peine à former des horreurs comparables,
Aux troubles qu'elle m'a donnés.

MEDÉE & les DÉMONS.

Goûtons l'unique bien des cœurs infortunés,
Ne soyons pas seuls misérables.

(*Les DÉMONS persécutent EGLÉ.*)

LES DÉMONS.

Ressens à chaque instant mille tourmens divers,
Ne cesses de gémir dans ces tristes Deserts,
Traînes le poids affreux des chaînes & des fers,
Ne vois pour te guider que le feu des éclairs.
Que sous tes pas les abîmes ouverts,
T'offrent par-tout les gouffres des Enfers,
Et que tes cris en traversant les airs,
De ton supplice étonnent l'Uunivers.

(*Les Démons continuent de persécuter EGLÉ, & le Théâtre paroît en feu.*)

EGLÉ.

Dieux ! quel ſpectacle horrible !
Quels feux étincelans ! fuyons, s'il eſt poſſible.

LES DÉMONS.

Reſſens à chaque inſtant mille tourmens divers,
Ne ceſſes de gémir dans ces triſtes Deſerts,
Traînes le poids affreux des chaînes & des fers,
Ne vois pour te guider que le feu des éclairs.

EGLÉ.

Ah ! quelle affreuſe barbarie !
Du moins, cruels, arrachez moi la vie.

LES DÉMONS.

Que ſous tes pas les abîmes ouverts,
T'offrent par-tout les gouffres des Enfers,
Et que tes cris en traverſant les airs,
De ton ſupplice étonnent l'Univers.

EGLÉ fuit & les DÉMONS la ſuivent.

FIN DU TROISIEME ACTE.

ACTE QUATRIEME.

SCÈNE PREMIERE.

EGLÉ, MEDÉE.

EGLÉ.

CRUELLE, ne voulez vous pas
Faire cesser ma peine ?
Au moins achevez, Inhumaine,
Achevez mon trépas.

MEDÉE.

Satisfaites le Roi, contentez mon envie,
Si vous voulez sortir de cet affreux séjour.

EGLÉ.

Hélas ! laissez-moi mon amour,
Prenez plutôt ma vie.

MEDÉE.

Ma rage en vous perdant ne peut être assouvie,
Ma haine me défend de vous ôter le jour.

EGLÉ.

Vous aurez beau me poursuivre,
Vous aurez beau m'allarmer;
Ce n'est qu'en cessant de vivre,
Que je puis cesser d'aimer.

MEDÉE.

Aux plus cruels tourmens vous devez vous attendre,
Toute ma rage enfin va paroître à vos yeux.

(*THESÉE conduit par des Spectres, paroît endormi.*)

EGLÉ.

Ciel! quel objet vient me surprendre!
C'est Thesée endormi, qu'on transporte en ces lieux.

SCÊNE II.

MEDÉE, EGLÉ, THESÉE *endormi.*

MEDÉE.

Venez à mon ſecours, implacables Furies;
Que le ſang innocent recommence à couler;
Il faut encor nous ſignaler
Par de nouvelles barbaries.
Venez à mon ſecours, implacables Furies.

(*Les Furies paroiſſent armées de poignards.*)

SCENE III.

MEDÉE, EGLÉ, THESÉE *endormi*, LES FURIES.

EGLÉ.

FAut-il voir contre moi tous les Enfers armés?

MEDÉE.

Tremblez en apprenant quel eſt votre ſupplice,
Votre Amant va périr, c'eſt vous qui m'animez,
A m'en faire à vos yeux un affreux ſacrifice.

EGLÉ.

Vous pouvez vouloir qu'il périſſe,
Et vous dites que vous l'aimez?

MEDÉE.

Il faut voir qui des deux l'aimera davantage.

Plutôt que le céder, j'aime mieux que la mort
En faſſe entre-nous le partage,
Et l'amour n'en eſt que plus fort,
Quand il paſſe juſqu'à la rage.

(*Aux Furies.*)

Hâtez-vous, achevez votre ſanglant ouvrage.

EGLÉ.

Arrêtez, retenez leurs coups;
J'épouſerai le Roi, je ſuivrai votre envie:
Je céde ce Héros, que ſon cœur ſoit à vous,
Rien ne m'eſt ſi cher que ſa vie.

MEDÉE.

Mais aurez-vous bien le pouvoir
De lui paroître ingrate, infidelle, inſenſible?

EGLÉ.

J'aimerois mieux ne le point voir,
C'eſt déchirer ſon cœur par un ſupplice horrible.

MEDÉE.

Hé bien, vous refuſez d'attirer ſes mépris?
Qu'il meure.

EGLÉ.

Non, qu'il vive, il n'importe à quel prix.
Je veux tout, je puis tout pour ſauver ce que j'aime,
Mon amour vous promet de ſe trahir lui-même.

MEDÉE.

Ceſſez donc de trembler, voyez en ce moment
Changer ces lieux affreux en un ſéjour charmant.

(Les Furies rentrent dans les Enfers, le Théâtre change, & repréſente une Iſle enchantée.)

SCÈNE IV.

MEDÉE, THESÉE, EGLÉ.

MEDÉE touchant THESÉE *de ſa baguette magique.*

VOyez ce que j'ai ſoin de faire
Pour un trop malheureux Amant.

THESÉE *éveillé, & orné d'une Guirlande.*

Où ſuis-je ! & d'où me vient ce nouvel ornement ?

MEDÉE.

J'ai voulu vous aider à plaire.

THESÉE ſe voyant ſans épée.

Mon épée !... Ah ! rendez-la moi.

MEDÉE.

On va vous l'apporter, ſi vous craignez le Roi,
Je ſerai vos plus fortes armes.

THESÉE.

Après tout ce que je vous dois....
(*Il apperçoit* EGLÉ.)
Eſt-ce vous ma Princeſſe, eſt-ce vous que je vois !
Mais, où détournez-vous vos regards pleins de charmes ?

MEDÉE

MEDÉE à EGLÉ.

Quoi ! vous ne tournez pas les yeux
Sur un Amant si glorieux ?

THESÉE.

Belle Eglé, dites moi, quel crime ai-je pû faire?

MEDÉE à EGLÉ.

N'apprehendez vous point qu'on ose se venger ?

THESÉE.

Non, elle aura beau m'outrager,
Elle me sera toûjours chère.

MEDÉE à EGLÉ.

Tant d'amour ne vous touche pas!
Ingrate, croyez-vous qu'un Trône ait plus d'appas?

THESÉE.

Vous m'aviez tant promis de n'être point légère.

MEDÉE.

De quoi ne vient point à bout
Un Roi qui veut plaire ?
La constance ne tient guère
Contre un amant qui peut tout.

Le Roi doit redouter que mon dépit n'éclate,
Pour regagner ſon cœur, je vais encor le voir;
Eſſayez cependant d'attendrir cette Ingrate :
Si tous nos ſoins unis ne peuvent l'émouvoir,
Votre amour ſeul peut-être aura plus de pouvoir.

SCÈNE V.

THESÉE, EGLÉ.

THESÉE.

EGlé ne m'aime plus, & n'a rien à me dire!
Qu'avez vous fait des nœuds que l'Amour fit pour
nous?
Quoi! pour les brifer tous,
Un jour, un feul jour peut fuffire?
J'aurois abandonné le plus puiffant empire,
Pour garder des liens fi doux.

EGLÉ.

Ceffez d'aimer une volage,
Servez-vous de votre courage,
Pour chercher un plus heureux fort.

THESÉE.

Je ne m'en fervirai que pour chercher la mort.
Si la belle Eglé m'eft ravie,
Je ne prétends plus rien;
Je perds l'unique bien
Qui m'auroit fait aimer la vie.

EGLÉ.

Helas !

THESÉE.

Ah ! quel ſoupir échappe à votre cœur !

EGLÉ.

Ce ſoupir échappé n'eſt que pour la grandeur.

THESÉE.

Vos beaux yeux répandent des larmes ?

EGLÉ.

Non, non, ſans m'attendrir je verrai vos douleurs.

THESÉE.

Vous voulez me cacher vos pleurs ;
Pourquoi m'en dérober les charmes ?

EGLÉ.

Ah ! que vous me donnez de mortelles allarmes !
On vous a peut-être entendu,
Theſée, & vous êtes perdu.

THESÉE.

C'eſt trop appréhender que le Roi ne s'irrite,
Il faut vous dire tout, l'Amour m'en ſollicite ;
Je ſuis fils du Roi.

EGLÉ.

Vous, Seigneur !

THESÉE.

Je n'ai montré d'abord que ma ſeule valeur ;
C'étoit à mon propre mérite
Que je voulois devoir ma gloire & votre cœur.

EGLÉ.

Le Roi, le Monde entier prendroient en vain les armes,
Il n'eſt rien de ſi fort que Medée & ſes charmes,
Nous ſommes les objets de ſes tranſports jaloux.
S'ils n'en vouloient qu'à moi, je les braverois tous,
Mais, ils m'ont ſçu frapper par où je ſuis ſenſible.

THESÉE.

Quoi ! le Roi ſera votre époux ?

EGLÉ.

Je ne puis vous ſauver ſans cet Hymen horrible.

THESÉE.

Laiſſez armer plutôt tout l'Enfer en couroux,
Le trépas eſt cent fois plus doux
Qu'un ſecours ſi terrible :
Vivez pour moi, s'il eſt poſſible,
Ou laiſſez-moi mourir pour vous.

EGLÉ & THESÉE.

Quelle injuſtice !
Que de tourmens !
Ah ! quel ſupplice
De briſer des nœuds ſi charmans !

SCÈNE VI.

MEDÉE, THESÉE, EGLÉ

MEDÉE.

Finissez vos regrets, c'est trop, c'est trop vous plaindre,
Je viens d'entendre tout, il n'est plus tems de feindre.

THESÉE.

Vengez vous sur moi seul s'il faut nous désunir.

EGLÉ.

Conservez ce Héros, sauvez le pour vous-même.

THESÉE.

Epargnez ce que j'aime,

THESÉE & EGLÉ.

C'est moi qu'il faut punir.

MEDÉE.

Je vous aime, Thesée, & vous l'allez connoître,
Le crime enfin commence à me paroître affreux;
Je respecte de si beaux nœuds;
Ma rage a beau s'armer, vous en êtes le maître.
Votre vertu m'inspire un dépit généreux;
Je rendrai ce que j'aime heureux,
Puisque mon amour ne peut l'être.

THESÉE & EGLÉ.

Quel bonheur ſurprenant pour nos cœurs amoureux !

MEDÉE.

Vous pouvez reprendre vos armes,
Eſpérez tout de mon ſecours ;

(*On apporte les Armes de Theſée.*)

Aimez ſans allarmes,
Aimez - vous toûjours,
Que les Jeux & les Amours
Viennent eſſuyer vos larmes.

THESÉ & EGLÉ.

Aimons ſans allarmes,
Aimons nous toûjours

MEDÉE.

Habitans fortunés de ces lieux ſi charmans,
Commençez les plaiſirs de ces heureux Amans.

SCÊNE

SCÈNE VII.

THESÉE, EGLÉ, HABITANS *de l'Isle enchantée.*

(On danse.)

CHŒUR de BERGERES.

Que nos Prairies
Seront fleuries !
Du tendre Amour
C'est ici le plus beau séjour.
Que notre vie
Doit faire envie !
C'est dans nos champs
Que régne le Printems.
L'aimable Flore,
Y fait éclore
Autant de fleurs
Que l'Amour peut blesser de cœurs.
Ces lieux tranquiles,
Sont les asyles
Des doux Zéphirs,
Des Jeux & des Plaisirs.

Que nos Prairies, *&c.*

(On danse.)

Un BERGER, *une* BERGERE *&* *le* CHŒUR.

L'Amour plaît malgré ſes peines,
L'Amour plaît aux cœurs conſtants :
On ne peut porter ſes chaînes,
Aſſez-tôt, n'y trop long-tems.

(*On danſe.*)

Un BERGER, *une* BERGERE, *&* *le* CHŒUR.

Sans Amour, tout eſt ſans âme,
L'Amour ſeul nous rend contens :
On ne peut ſentir ſa flâme,
Aſſez-tôt, n'y trop long-tems.

Un Ballet général termine le quatriéme Acte.

ACTE CINQUIEME.

Le Théâtre représente un Palais formé par les Enchantemens de MEDÉE.

SCÈNE PREMIERE.

MEDÉE, DORINE.

DORINE.

QUe Thesé est content du bonheur de son sort!

MEDÉE.

Dorine, c'en est fait, tout est prêt pour sa mort.

DORINE.

Quoi! Ce grand appareil est sa mort qu'on prépare!
Le Roi doit le choisir ici pour successeur,
Votre soin pour lui se déclare.

MEDÉE.

J'ai caché mon dépit ſous ma feinte douceur,
La vengeance ordinaire eſt trop peu pour mon cœur,
Je la veux horrible & barbare.

DORINE.

N'écoutez vous point trop un affreux déſeſpoir ?

MEDÉE.

Du ſecret de Theſée il faut me prévaloir,
Le Roi l'ignore encore, & pour me ſatisfaire,
Contre un Fils inconnu, j'arme ſon propre Pere.
J'immolai mes enfans, j'oſai les égorger;
Je ne ſerai pas ſeule inhumaine & perfide,
Je ne puis me venger,
A moins d'un parricide.

SCÊNE II.

LE ROI, MEDÉE, DORINE *tenant un vase.*

MEDÉE.

CE vase par mes soins vient d'être empoisonné;
Vous n'aurez qu'à l'offrir... vous semblez étonné?

LE ROI.

Ce Héros m'a servi, malgré moi je l'estime,
Puis-je lui préparer un injuste trépas?

MEDÉE.

L'espoir de votre amour, la paix de vos Etats,
Tout dépend d'immoler cette grande victime.

LE ROI.

Je n'ai rien fait jusqu'à ce jour
Qui puisse ternir ma mémoire;
Si près de mon tombeau faut-il trahir ma gloire!
Ne vaudroit-il pas mieux étouffer mon amour?

MEDÉE.

Vous avez un fils à Trézène,
Il faudra toûjours l'éloigner:

Votre Peuple pour lui n'aura que de la haine,
Il adore Thesée, il veut le voir régner.
Laisserés-vous un Fils sans nom & sans empire,
Tandis qu'un Etranger jouira de son sort,
Et peut-être osera s'assurer par sa mort.....

LE ROI.

Je cède aux sentimens que la nature inspire :
Je me rends, l'Amour seul n'étoit pas assez fort.

ENSEMBLE.

Que la Vengeance
A d'attraits pour les cœurs jaloux !
Vengeons-nous, vengeons-nous,
N'épargnons pas qui nous offense,
L'Amour même n'est pas plus doux,
Que la Vengeance.

SCÈNE III.

THESÉE, EGLÉ, LE ROI, MEDÉE, DORINE, ATHÉNIENS.

LE ROI, MEDÉE ET LE CHŒUR.

NE craignés rien, parfaits Amans,
Les plaisirs suivront vos tourmens.

Recevez la récompenſe
De votre conſtance.
Ne craignés rien parfaits Amans;
Les plaiſirs ſuivront vos tourmens.

LE ROI.

Oublions le paſſé, ma colère eſt finie;
Puiſqu'Athènes le veut, je conſens qu'après moi;
Ce Héros ſoit un jour ſon légitime Roi.
Commençons la cérémonie;
Qu'on apprenne à ſervir Theſée en Souverain.
(*à* THESÉE.)
Prenez ce vaſe de ma main.

THESÉE prenant le vaſe d'une main, & tirant ſon épée de l'autre.

Je jure ſur ce fer qui m'a comblé de gloire,
Que je vous ſervirai contre vos ennemis,
Et que vous n'aurez point de Sujet plus ſoumis....

(*Le* ROI, *conſidérant avec étonnement l'épée de* THESÉE, *la reconnoît pour être celle qu'il a laiſſée pour ſervir un jour à la reconnoiſſance de ſon Fils.*)

LE ROI arrêtant THESÉE.

Que vois-je? quelle épée! ah? qui l'auroit pû croire!
O Ciel! j'allois perdre mon Fils!
J'avois laiſſé ce fer pour ta reconnoiſſance;
Mon Fils, ah! mon cher Fils, où nous expoſois-tu!

THESÉE.

Ce fer eût dans mes mains trahi votre espérance ;
En vous montrant un Fils qui n'eût point combattu ;
Sans prendre aucun secours d'une illustre naissance ,
Je voulois éprouver jusqu'où va la vertu.

(*MEDÉE s'enfuit , voyant* THESÉE *reconnu par son Pere.*)

LE ROI.

Ah ! perfide Medée ! ... elle fuit , l'inhumaine !
Qu'on la poursuive , allez , ne la respectez plus ;
Mais la poursuite en sera vaine ,
Elle sait des chemins qui nous sont inconnus.

THESÉE.

C'est assez d'éviter sa haine ,
Soyons heureux , Seigneur ,
Notre parfait bonheur
Suffira pour sa peine.

LE ROI *à* EGLÉ.

Je suis charmé de vos appas ,
Je ne m'en défends pas ,
Trop aimable Eglé , je vous aime ;
Mais je veux être heureux dans un autre moi-même ,
Mon Rival m'est trop cher pour en être jaloux ;
Je reconnois mon Fils à son amour extrême ,
C'est le sort de mon sang de s'enflâmer pour vous.

Que

Que l'hymen prépare
Des nœuds pleins d'attraits,
Que l'Amour répare
Tous les maux qu'il vous a faits;
Soyez unis à jamais.

LE CHŒUR.

Que l'hymen prépare
Des nœuds pleins d'attraits,
Que l'Amour répare
Tous les maux qu'il vous a faits;
Soyez unis à jamais.

THESÉE & EGLÉ.

Les plus belles chaînes
 Coûtent des soupirs;
Il faut passer par les peines,
 Pour arriver aux plaisirs.

SCENE IV.

MEDÉE, LE ROI, THESÉE, EGLÉ, ATHÉNIENS.

MEDÉE sur un char tiré par des Dragons volans.

Vous n'êtes pas encor délivrés de ma rage :
Je n'ai point préparé la pompe de ces lieux
Pour servir au bonheur d'un amour qui m'outrage.
Je veux que les Enfers détruisent mon ouvrage :
C'est ainsi qu'en partant je vous fais mes adieux.

(*Dans le tems que MEDÉE fuit, le Palais est embrâsé par des DÉMONS.*)

LE CHŒUR.

Secourez-nous, justes Dieux !
Quelle flâme épouventable !
Quels ennemis furieux !
Une mort inévitable
S'offre partout à nos yeux.

(*On entend un Prélude.*)

LE ROI, EGLÉ, THESÉE.

D'où naissent ces accords ?... quels sons harmonieux !...

Quelle Divinité, puissante & favorable,
Vient embellir ces lieux ?

SCÈNE DERNIERE.

MINERVE *dans un Nuage.*

ET LES ACTEURS DE LA SCÈNE PRÉCÉDENTE.

MINERVE.

LE Ciel veut écarter tout ce qui peut vous nuire :
Voyez par mon pouvoir élever à l'instant,
Un Palais éclatant,
Que l'Enfer n'osera détruire.

(*Le Théâtre change & représente un Palais magnifique.*)

LE CHŒUR.

Régnez dans nos cœurs à jamais
Favorable Immortelle ;
Que nos voix, que nos chants, nos transports, notre zele ;
Célébrent vos bienfaits.

(*On danse.*)

THESÉE & ÉGLÉ.

Plus je vous vois, & plus l'Amour m'enflâme,
Chaque moment augmente mon ardeur,

Vous partagez les transports de mon âme ;
Rien ne peut égaler ma gloire & mon bonheur !
Vos regards sont pour moi de nouveaux traits de flâme
Que l'Amour lance dans mon cœur.

(*Un Ballet Général, & le* CHŒUR *suivant, terminent le Divertissement.*)

LE CHŒUR.

Vivons contens dans ces aimables lieux,
Notre bonheur est l'ouvrage des Dieux.

FIN.

APPROBATION.

J'Ai lu, par ordre de Monseigneur le Vice-Chancelier, une nouvelle Edition de *Thesée*, Tragédie, avec les changemens annoncés dans l'Avertissement. A Versailles, ce 9 Décembre 1766.

DEMONCRIF.

www.ingramcontent.com/pod-product-compliance
Lightning Source LLC
LaVergne TN
LVHW010000230826
846092LV00002B/574